CONTEÚDO DIGITAL PARA ALUNOS
Cadastre-se e transforme seus estudos em uma experiência única de aprendizado:

1 Entre na página de cadastro:
www.editoradobrasil.com.br/sistemas/cadastro

2 Além dos seus dados pessoais e dos dados de sua escola, adicione ao cadastro o código do aluno, que garantirá a exclusividade do seu ingresso à plataforma.

8954926A3167747

3 Depois, acesse:
www.editoradobrasil.com.br/leb
e navegue pelos conteúdos digitais de sua coleção **:D**

Lembre-se de que esse código, pessoal e intransferível, é válido por um ano. Guarde-o com cuidado, pois é a única maneira de você acessar os conteúdos da plataforma.

LUIZ ROBERTO DANTE

RACIOCÍNIO E CÁLCULO MENTAL
ATIVIDADES DE MATEMÁTICA

ENSINO FUNDAMENTAL

Dados Internacionais de Catalogação na Publicação (CIP)
(Câmara Brasileira do Livro, SP, Brasil)

Dante, Luiz Roberto
  Raciocínio e cálculo mental: atividades de matemática 2: ensino fundamental / Luiz Roberto Dante. – São Paulo: Editora do Brasil, 2019.

  ISBN 978-85-10-07456-8 (aluno)
  ISBN 978-85-10-07457-5 (professor)

  1. Atividades e exercícios (Ensino fundamental) 2. Matemática (Ensino fundamental) 3. Raciocínio e lógica I. Título.

19-26393   CDD-372.7

Índices para catálogo sistemático:
1. Matemática: Ensino fundamental 372.7
Maria Alice Ferreira – Bibliotecária – CRB-8/7964

© Editora do Brasil S.A., 2019
Todos os direitos reservados

Direção-geral: Vicente Tortamano Avanso
Direção editorial: Felipe Ramos Poletti
Gerência editorial: Erika Caldin
Supervisão de arte e editoração: Cida Alves
Supervisão de revisão: Dora Helena Feres
Supervisão de iconografia: Léo Burgos
Supervisão de digital: Ethel Shuña Queiroz
Supervisão de controle de processos editoriais: Roseli Said
Supervisão de direitos autorais: Marilisa Bertolone Mendes

Supervisão editorial: Rodrigo Pessota
Consultoria técnica: Clodoaldo Pereira Leite
Edição: Rodolfo da Silva Campos e Sônia Scoss Nicolai
Assistência editorial: Cristina Perfetti e Erica Aparecida Capasio Rosa
Copidesque: Giselia Costa, Ricardo Liberal e Sylmara Beletti
Revisão: Alexandra Resende, Elaine Cristina da Silva, Marina Moura e Martin Gonçalves
Pesquisa iconográfica: Isabela Meneses
Assistência de arte: Letícia Santos
Design gráfico: Andrea Melo e Talita Lima
Capa: Andrea Melo
Edição de arte: Renné Ramos
Imagem de capa: Spastonov/Getty Images
Ilustrações: Adolar, Cláudia Marianno, Dayane Cabral Raven, Denis Cristo, João P. Mazzoco, Jótah, Kau Bispo e Murilo Moretti
Produção cartográfica: DAE (Departamento de Arte e Editoração),
Coordenação de editoração eletrônica: Abdonildo José de Lima Santos
Editoração eletrônica: Wlamir Miasiro
Licenciamentos de textos: Cinthya Utiyama, Jennifer Xavier, Paula Harue Tozaki e Renata Garbellini
Produção fonográfica: Jennifer Xavier e Cinthya Utiyama
Controle de processos editoriais: Bruna Alves, Carlos Nunes, Rafael Machado e Stephanie Paparella

1ª edição / 5ª impressão, 2023
Impresso na Hawaii Gráfica e Editora.

Rua Conselheiro Nébias, 887
São Paulo, SP – CEP 01203-001
Fone: +55 11 3226-0211
www.editoradobrasil.com.br

APRESENTAÇÃO

Raciocínio lógico e cálculo mental são ferramentas que desafiam a curiosidade, estimulam a criatividade e nos ajudam na hora de resolver problemas e enfrentar situações desafiadoras.

Neste projeto apresentamos atividades que farão você perceber regularidades ou padrões, analisar informações, tomar decisões e resolver problemas. Essas atividades envolvem números e operações, geometria, grandezas e medidas, estatística, sequências, entre outros assuntos.

Esperamos contribuir para sua formação como cidadão atuante na sociedade.

Bons estudos!

O autor

SUMÁRIO

ATIVIDADES

Cálculo mental 9, 12, 13, 14, 15, 23, 24, 25, 26, 34, 36, 37, 38, 42, 51, 52, 53, 54

Faixa decorativa 28, 35, 57

Geometria 17, 19, 21, 27, 43, 46, 55, 62

Grandezas e medidas 16, 28, 30, 40, 45, 50, 58, 61, 62, 63

Mosaico 8, 23, 31, 41

Número 9, 10, 12, 20, 34, 41, 48, 49, 56, 57, 59, 60

Raciocínio lógico formal 6, 11, 22, 31, 40, 44, 45, 49, 56, 59

Sequência com figuras 16, 18, 20, 29, 35, 47, 51

Sequência com números 6, 13, 27, 40, 47

Teste sua atenção 7, 8, 18, 21, 27, 30, 32, 39, 41, 46, 55, 61, 62

Tratamento da informação 33, 60, 63

Referências 64

🚩 UM ANIMAL DIFERENTE PARA CADA CRIANÇA

São 4 crianças e 4 animais.
Ligue cada criança ao seu animal, de acordo com estas informações.

- Lucas não tem gato.
- Bete não tem gato nem peixe.
- Paula não tem tartaruga, nem gato, nem peixe.
- Rafael tem o animal que sobrou.

Lucas   Bete   Paula   Rafael

gato   cachorro   tartaruga   peixe

🧩 SEQUÊNCIA: VAMOS COMPLETAR?

Descubra a regularidade para completar a sequência.

1	2	3	4	5	6		
A	B	C	D	E	F		

QUEM VAI ACHAR O TESOURO?

Bia, Celso, André e Laura estão brincando de **caça ao tesouro**.

Dos quatro caminhos abaixo, só um leva ao baú com o tesouro.

Esse caminho é o que tem exatamente 4 quadrinhos , 3 ▇, 3 e 4 .

Descubra qual é o baú com o tesouro e assinale-o com **X**.
Pinte de amarelo o quadro com o nome da criança que vai achar o tesouro.

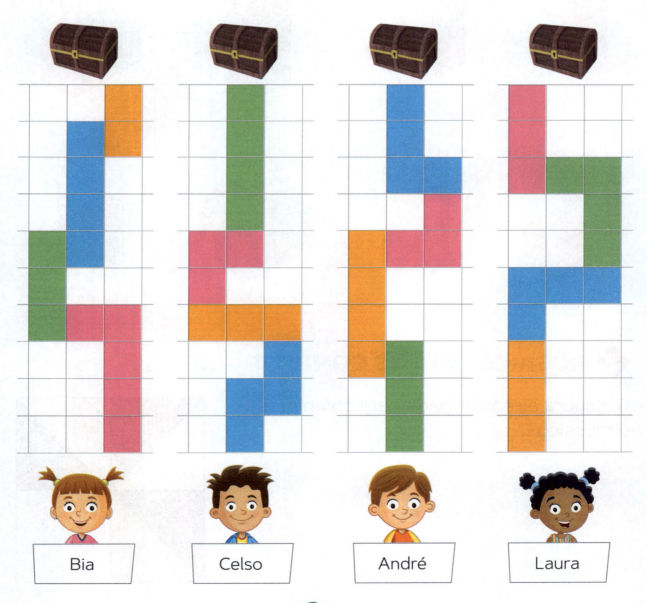

DESCUBRA AS DUAS CONSTRUÇÕES IGUAIS

Usando os três cubos desenhados ao lado, Marcelo e os amigos fizeram várias construções. Elas aparecem desenhadas abaixo.
Contorne as duas construções que são iguais.

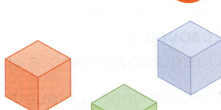

 MOSAICO: VAMOS COMPLETÁ-LO?

Descubra a regularidade para completar o mosaico.

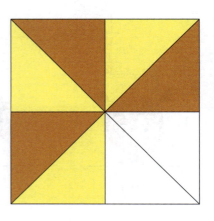

CÁLCULO MENTAL: ADIÇÃO E SUBTRAÇÃO COM NÚMEROS ATÉ 10

Nos quadros coloridos, temos 6 adições e 6 subtrações.

6 + 3	10 − 5	2 + 5	4 + 5
9 − 2	1 + 3	8 − 3	3 + 2
10 − 6	3 + 4	10 − 1	8 − 4

Agrupe as operações nos itens abaixo de acordo com os resultados.

Faça os cálculos mentalmente e, se necessário, use os dedos das mãos.

Escreva as operações nos quadros e pinte-os com as mesmas cores usadas acima.

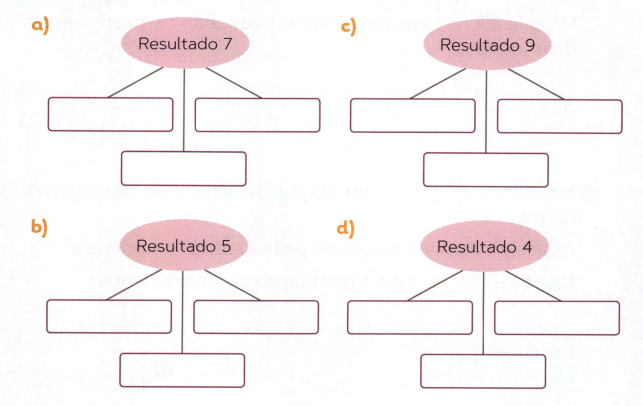

a) Resultado 7

b) Resultado 5

c) Resultado 9

d) Resultado 4

🚩 NO JOGO DE TRILHA

Maria, Paula, Nino e Ana jogaram uma partida de **trilha**.
Veja a seguir o que aconteceu em algumas jogadas.

a) Em sua primeira jogada, Maria lançou o dado e obteve 🎲.
Marque 🟢 na casa para onde foi seu peão verde.

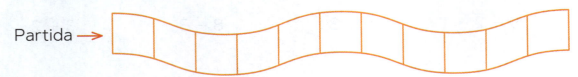

b) Veja para onde foi o peão vermelho de Paula em sua primeira jogada e registre aqui sua pontuação: ☐.

c) Ana obteve 🎲 e 🎲 nas duas primeiras jogadas.
Marque ⚫ na casa para onde foi seu peão cinza após essas duas jogadas.

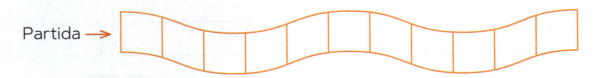

d) Nino obteve 🎲 na segunda jogada. Veja onde seu peão azul parou.
Assinale com **X** a posição do peão azul após a primeira rodada e indique aqui a pontuação correspondente: ☐.

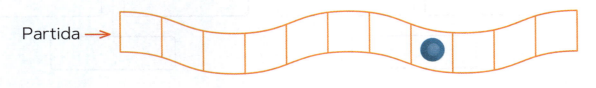

QUEM VEIO PRIMEIRO? E DEPOIS?

a) Carlos colocou 4 folhas de papel colorido na mesa, uma sobre outra, conforme mostra a figura abaixo.

Indique a ordem em que as folhas foram colocadas pintando os quadrinhos a elas correspondentes.

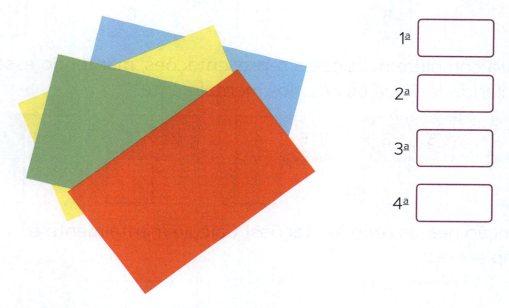

b) Agora o problema contrário.

Veja a ordem em que as folhas foram colocadas e pinte-as.

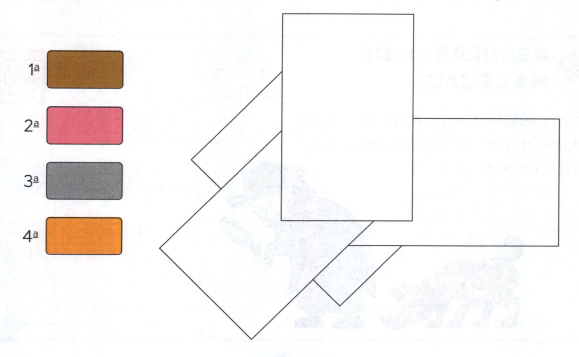

🚩 CÁLCULO MENTAL E REGULARIDADE

Descubra uma regularidade, nas representações abaixo, que envolva adição com números até 10.

a) Agora complete mais estas representações, mantendo essa regularidade. Faça os cálculos mentalmente.

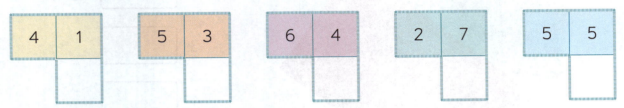

b) Atenção nestas representações! Calcule mentalmente e complete-as.

REGULARIDADE NA ESCADA

Complete toda a representação usando a mesma regularidade vista acima.

CÁLCULO MENTAL: COMPLETAR 10

Marina quer saber quanto falta em 7 para completar 10. Veja como ela fez.

MOSTRO 7 DEDOS COM AS MÃOS.

AGORA CONTO ATÉ CHEGAR AO 10: 8, 9, 10. FALTAM 3.

Logo, 7 para 10, faltam 3 ou 7 + 3 = 10 ou 10 − 7 = 3.

Use os dedos das mãos, calcule mentalmente e complete os itens.

a) 8 para 10 faltam _____ ou 8 + _____ = 10 ou 10 − 8 = _____

b) 5 para 10 faltam _____ ou 5 + _____ = 10 ou 10 − 5 = _____

c) 4 para 10 faltam _____ ou 4 + _____ = 10 ou 10 − 4 = _____

d) 2 para 10 faltam _____   g) 10 − 9 = _____

e) 3 para 10 faltam _____   h) 10 − 6 = _____

f) 1 + _____ = 10   i) _____ + 10 = 10

SEQUÊNCIA: VAMOS COMPLETAR?

Descubra a regularidade para completar a sequência.

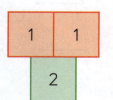 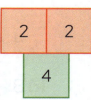 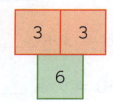 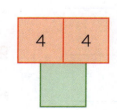 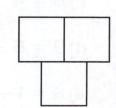

CÁLCULO MENTAL: É HORA DE DECOMPOR NÚMEROS ATÉ 10

Veja, nos exemplos abaixo, como Anita calculou mentalmente com a ajuda dos dedos das mãos.

7 = 3 + __?__

Logo, 7 = 3 + __4__.

9 = 4 + __?__

Logo, 9 = 4 + __5__.

Agora complete os raciocínios:

a) 8 = 6 + __?__ Falo _____ e conto _____.

Logo, 8 = 6 + _____.

b) 5 = 1 + __?__ Falo _____ e conto _____.

Logo, 5 = 1 + _____.

Finalmente, complete mais estes.

c) 6 = 4 + _____   f) 3 = 2 + _____   i) 7 = 5 + _____

d) 9 = 6 + _____   g) 6 = 3 + _____   j) 4 = 1 + _____

e) 8 = 1 + _____   h) 10 = 7 + _____   k) 8 = 4 + _____

CÁLCULO MENTAL: SITUAÇÕES-PROBLEMA

Calcule mentalmente, complete os raciocínios e indique a operação efetuada.

a) Maurício mostrou 4 dedos em uma mão e 3 dedos na outra.

No total, ele mostrou _____ dedos.

Operação: _____ + _____ = _____

b) Alice tem 8 reais.

Para comprar a caneca da figura ao lado, ela ainda precisa de

mais _____ reais.

_____ + _____ = _____ ou _____ − _____ = _____

c) Paulo ganhou 9 figurinhas para seu álbum, mas 4 delas são repetidas.

Então ele vai colar _____ dessas figurinhas em seu álbum.

_____ + _____ = _____ ou _____ − _____ = _____

d) Lucas comprou 2 picolés e pagou com uma nota de 10 reais.

Recebeu de troco _____ reais.

_____ e _____ ou, então,

_____ e _____

VAMOS EQUILIBRAR OS PRATOS DA BALANÇA?

Em cada item, desenhe os pesos nos pratos da balança para que os braços fiquem equilibrados.

a)

b) Aqui os pesos são estes:

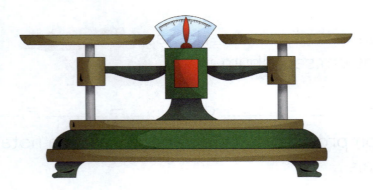

SEQUÊNCIA: VAMOS COMPLETAR?

Descubra a regularidade para completar a sequência.

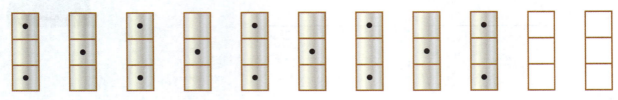

QUEM SOU EU? QUEM SOMOS NÓS?

Em cada quadrinho, há um sólido geométrico e uma letra maiúscula. Observe:

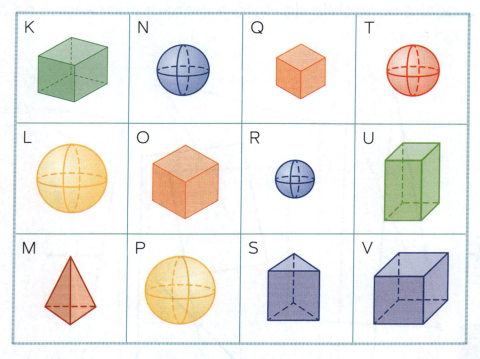

Registre as letras correspondentes aos sólidos.

a) Sou o cubo azul: _____.

b) Sou a menor esfera: _____.

c) Sou um sólido com 8 vértices, mas não sou cubo: _____.

d) Somos as duas esferas de mesma cor e mesmo tamanho: _____ e _____.

e) Somos as duas esferas de mesma cor e tamanhos diferentes: _____ e _____.

f) Somos as duas esferas de mesmo tamanho e cores diferentes: _____ e _____.

g) Sou o sólido com exatamente 5 faces: _____.

h) Somos os dois cubos de mesma cor: _____ e _____.

i) Sou o maior cubo: _____.

j) Sou o sólido com todas as faces triangulares: _____.

🧩 QUAL É A MOCHILA DE BETO?

O caminho que vai de Beto até a mochila dele está pintado com uma única cor, do começo ao fim.
Descubra qual é a mochila de Beto e pinte-a com a mesma cor do caminho correto.

BETO

🧩 SEQUÊNCIA: VAMOS COMPLETAR?

Descubra a regularidade para completar a sequência.

      _____ _____

🚩 FORMAS E CORES NA CASINHA

Carina recortou e colou 4 das peças desenhadas abaixo e, com elas, construiu a casinha mostrada ao lado.

Circule as peças que ela usou e pinte a casinha com as mesmas cores.

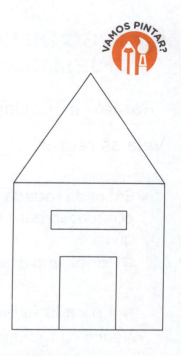

JOGO DE COMPLETAR 10. QUEM GANHOU?

Rafael e Luciana disputaram esse jogo, que teve 4 rodadas. Veja as regras.

- Em cada rodada, o participante joga o dado, verifica quanto falta na pontuação para chegar a 10 e registra o que falta com marquinhas no quadro.
  - Por exemplo: joga o dado e tira ⚃.
  - 4 para 10 faltam 6 ⟶ Marca no quadro.
- Vence o jogo quem marcar mais pontos no final das 4 rodadas.

Analise as jogadas dos participantes. Anote no quadro as marquinhas e o total de pontos de cada um deles. Finalmente, escreva o nome do vencedor do jogo: _____.

	1ª rodada	2ª rodada	3ª rodada	4ª rodada
Rafael:	⚂	⚅	⚁	⚂
Luciana:	⚄	⚄	⚀	⚄

Rafael				
Luciana				

SEQUÊNCIA: VAMOS COMPLETAR?

Descubra a regularidade para completar a sequência.

PARA CADA INFORMAÇÃO, UM QUADRO

Observe as formas das figuras desenhadas nos quatro quadros.

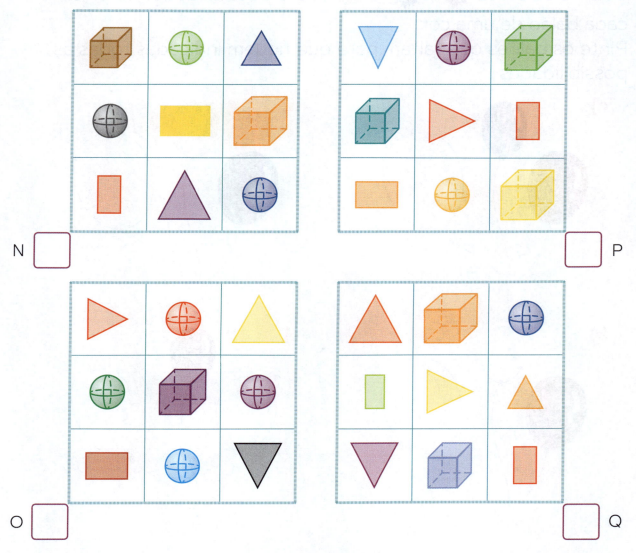

a) Marque ✖ no quadro que tem mais cubos do que os demais quadros.

b) Marque ● no quadro que tem mais regiões triangulares do que os demais quadros.

c) Marque ▲ no quadro que tem exatamente 3 esferas.

d) Marque ★ no quadro que sobrou e responda:

Quantas regiões retangulares ele tem? _____

BALÕES E POSSIBILIDADES

São 3 balões em 3 posições: esquerda, meio e direita.

Usando as cores 🔴, 🔵 e 🟡, há 6 possibilidades de pintar cada balão de uma cor.

Pinte os balões que faltam para que fiquem indicadas todas as possibilidades.

CÁLCULO MENTAL: NÚMEROS DE 10 ATÉ 19

Observe os exemplos:

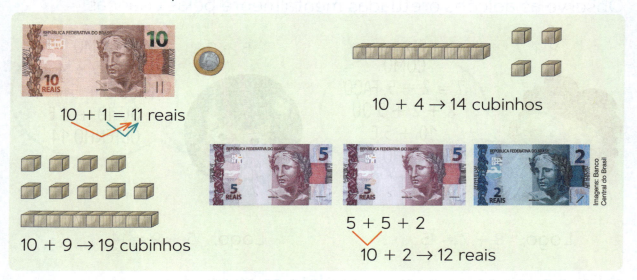

Agora é com você.
Calcule mentalmente e complete as operações. Agrupe para formar 10, quando necessário.

a) 10 + 6 = _____

b) 10 + 3 = _____

c) 8 + 2 + 7 = _____

_____ + _____

d) 4 + 5 + 5 = _____

e) 9 + 5 + 1 = _____

f) 8 + 3 + 7 = _____

g) 6 + 4 + 4 = _____

MOSAICO: VAMOS COMPLETAR?

Descubra a regularidade para completar a sequência.

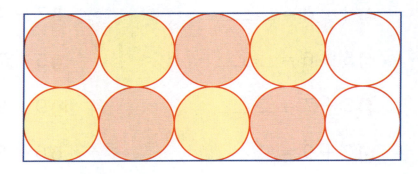

CÁLCULO MENTAL: COMPLETAR 10 E SOMAR O RESTANTE

Observe as adições efetuadas mentalmente pelas crianças.

8 + 7

COMO 7 = 2 + 5, FAÇO 8 + 2 + 5 OU 10 + 5 E OBTENHO 15.

Logo, 8 + 7 = 15.

5 + 9

COMO 9 = 5 + 4, FAÇO 5 + 5 + 4 OU 10 + 4 E OBTENHO 14.

Logo, 5 + 9 = 14.

◆ Faça como as crianças e complete as operações.

a) 9 + 8

9 + ____ + ____

____ + ____

____

Logo, 9 + 8 = ____.

b) 4 + 7

____ + ____ + ____

____ + ____

____

Logo, 4 + 7 = ____.

◆ Estas você efetua mentalmente e escreve o resultado.

c) 7 + 6 = ____

d) 8 + 8 = ____

e) 5 + 6 = ____

f) 3 + 7 = ____

g) 2 + 9 = ____

h) 9 + 3 = ____

i) 7 + 7 = ____

j) 5 + 7 = ____

k) 9 + 9 = ____

l) 6 + 8 = ____

CÁLCULO MENTAL: CHEGAR AO 10 E TIRAR O RESTANTE

Veja como Daniel efetuou mentalmente as subtrações 12 − 5 e 14 − 9.

12 − 5 = ?

PARA TIRAR 5, POSSO TIRAR 2 PARA CHEGAR AO 10 E DEPOIS TIRAR 3 DO 10.
12 − 2 = 10 E 10 − 3 = 7

Logo, 12 − 5 = 7.

14 − 9 = ?

PARA TIRAR 9, POSSO TIRAR 4 PARA CHEGAR AO 10 E DEPOIS TIRAR 5 DO 10.
14 − 4 = 10 E 10 − 5 = 5

Logo, 14 − 9 = 5.

◆ Complete os itens abaixo usando o mesmo raciocínio de Daniel.

a) 11 − 3: De _____, tiro _____ e de _____, tiro _____. Chego ao _____. Logo, 11 − 3 = _____.

b) 17 − 8: De _____, tiro _____ e de _____, tiro _____. Chego ao _____. Logo, 17 − 8 = _____.

◆ Nos itens a seguir, calcule mentalmente e registre o resultado.

c) 13 − 5 = _____   f) 12 − 4 = _____   i) 11 − 8 = _____

d) 15 − 9 = _____   g) 14 − 7 = _____   j) 15 − 6 = _____

e) 16 − 8 = _____   h) 18 − 9 = _____   k) 13 − 6 = _____

CÁLCULO MENTAL NA LOJA DE BRINQUEDOS

Observe o preço dos brinquedos a seguir.

Calcule mentalmente e complete os itens. Faça o cálculo mental como quiser.

a) Lauro comprou uma bola e um pião.

No total, ele gastou _____ reais.

b) Mara comprou uma peteca e pagou com 10 reais.

O troco foi de _____ reais.

c) Luana tem 7 reais. Para ela comprar o pião, faltam _____ reais.

d) A boneca custa _____ reais a mais do que a peteca.

O TROCO DE GUSTAVO

Gustavo comprou uma bola e uma peteca.
Pagou com uma nota de 10 reais e uma nota de 5 reais.

- Gustavo gastou _____ reais.

- Gustavo pagou com _____ reais.

- O troco foi de _____ reais.

AS BANDEIRINHAS DA FESTA JUNINA

Edu e os colegas de equipe construíram estes seis tipos de bandeirinhas.
Cada uma delas tem forma e cor diferentes das demais.

Pinte as bandeirinhas desenhadas abaixo.

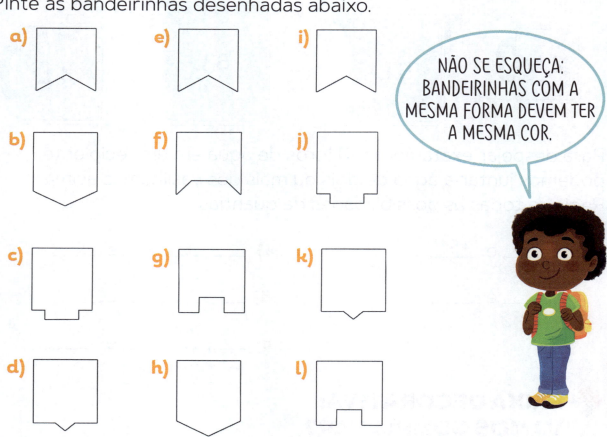

NÃO SE ESQUEÇA: BANDEIRINHAS COM A MESMA FORMA DEVEM TER A MESMA COR.

 ## SEQUÊNCIA: VAMOS COMPLETAR?

Descubra a regularidade para completar a sequência.

| 0 | 2 | | 3 | 5 | | 6 | 8 | | 9 | 11 | | 12 | 14 | | | |

🧩 VAMOS JUNTAR 10 LITROS DE ÁGUA?

Na figura abaixo, observe os vasilhames e a medida da capacidade deles.
Eles estão cheios de água.

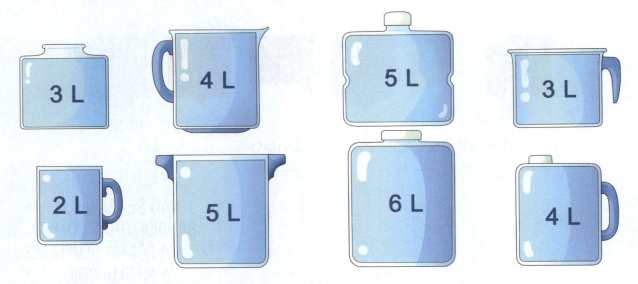

Para despejar exatamente 10 litros de água em um recipiente, podemos juntar a água de dois ou mais dos vasilhames acima. Registre todas as possibilidades de quantias.

a) _____ e _____

b) _____ e _____

c) _____, _____ e _____

d) _____, _____ e _____

e) _____, _____ e _____

🧩 FAIXA DECORATIVA: VAMOS COMPLETAR?

Descubra a regularidade para completar a faixa.

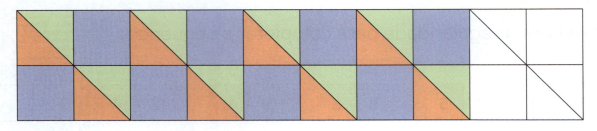

SEQUÊNCIAS COM PEÇAS DO JOGO DOMINÓ: VAMOS COMPLETAR?

A equipe de Miguel usou peças do jogo **dominó** para formar sequências com regularidades.
Descubra uma regularidade em cada sequência e marque os pontos na última peça para manter essa regularidade.

a)

b)

c)

QUEM SOU EU?

a) Sou uma destas três árvores.
Não sou a mais alta nem a mais baixa das três.
Pinte-me de amarelo. As outras duas, pinte de verde.

b) Sou o caminho que leva Zeca a seu gatinho, Bibi.
No desenho, a medida de meu comprimento é 10 cm.
Pinte-me e escreva BIBI ao lado do gatinho.

ZECA

c) Sou o mais longo destes três caminhos que levam a joaninha até a flor.
Assinale qual é a minha cor:

UMA EQUIPE COM QUATRO ELEMENTOS. DESCUBRA O NOME DE CADA UM

Os quatro nomes estão entre estes seis nomes:

ROBERTA	RAQUEL	ORLANDO
MARCELO	CARLA	ALEXANDRE

Descubra e registre os nomes de acordo com as afirmações das crianças.

a)  MEU NOME TEM MENOS DO QUE 6 LETRAS.

c)  MEU NOME COMEÇA E TERMINA COM A MESMA LETRA.

b)  A LETRA **E** APARECE DUAS VEZES EM MEU NOME.

d) MEU NOME COMEÇA COM **R**, MAS NÃO TERMINA COM **A**.

 MOSAICO: VAMOS COMPLETAR?

Descubra a regularidade para completar o mosaico.

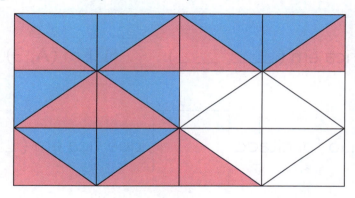

QUADROS COLORIDOS E LOCALIZAÇÃO

Lúcia construiu o painel ao lado com 9 quadros coloridos, um de cada cor. Observe as posições e as cores.
Para indicar cada um dos quadros, devemos citar primeiro sua coluna (**A**, **B** ou **C**) e depois sua linha (1, 2 ou 3).

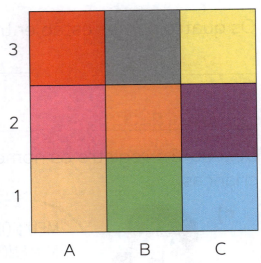

Veja os exemplos:

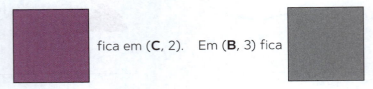

fica em (**C**, 2).   Em (**B**, 3) fica

Complete os itens indicando a posição do quadro colorido ou pintando o quadro em branco.

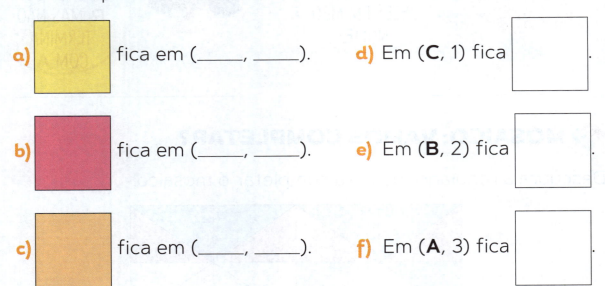

a) _____ fica em (____, ____).   d) Em (**C**, 1) fica _____.

b) _____ fica em (____, ____).   e) Em (**B**, 2) fica _____.

c) _____ fica em (____, ____).   f) Em (**A**, 3) fica _____.

● Ainda não foi citado _____, que fica em (____, ____).

QUEM SOU EU?

Na turma de Regina, foi feita uma pesquisa sobre a fruta favorita dos alunos.
Veja no gráfico abaixo o resultado da votação.

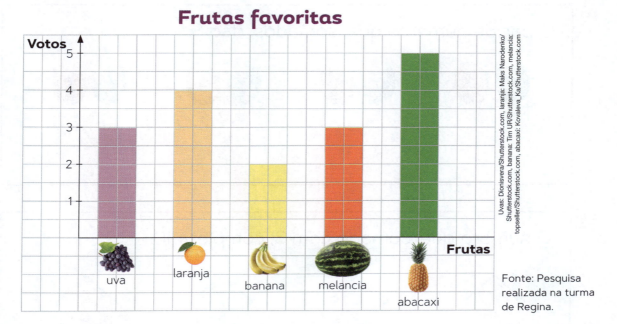

Fonte: Pesquisa realizada na turma de Regina.

Contorne o desenho da fruta correspondente a cada item.

a) Sou a fruta mais votada:

b) Sou a fruta que recebeu exatamente 4 votos:

c) Sou a fruta que teve o mesmo número de votos que a melancia:

CÁLCULO MENTAL: QUEM SOU EU? QUEM SOMOS NÓS?

Em cada item, circule o que é citado.
Faça os cálculos mentalmente.

a) O par de números que, somados, dão 8.

b) O número que, somado com 3, completa 10.

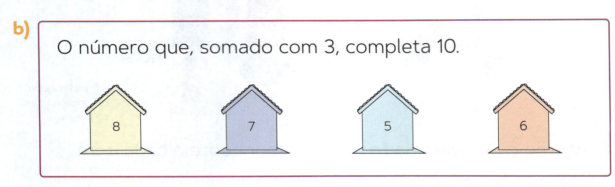

c) O trio de números que, juntos, formam 17.

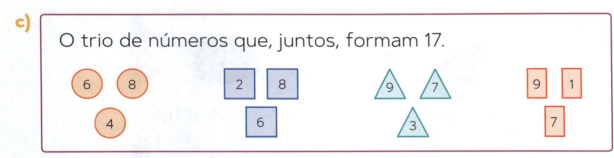

d) O par de números que, somados, NÃO DÃO 15.

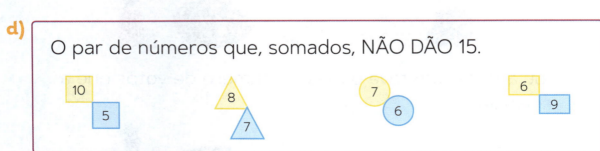

SEQUÊNCIAS: PARA ONDE VÃO AS BOLINHAS?

Em cada sequência, descubra uma regularidade no deslocamento da bolinha.
Desenhe a bolinha na última figura, de acordo com essa regularidade.

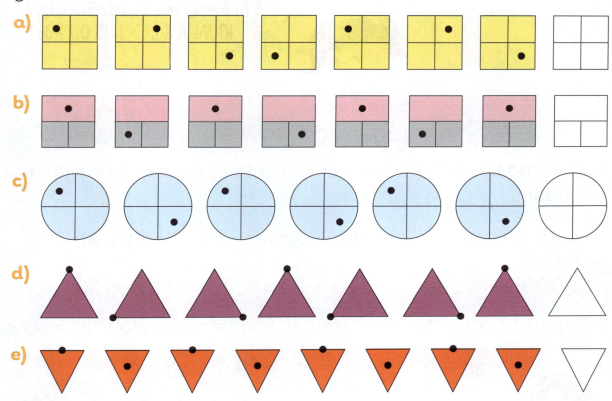

FAIXA DECORATIVA: VAMOS COMPLETAR?

Descubra a regularidade para completar a faixa.

CÁLCULO MENTAL: ADIÇÕES COM RESULTADOS ATÉ 99

◆ Veja como Luciana pensou para efetuar mentalmente a adição das dezenas exatas 50 + 30 .

50 + 30 É O MESMO QUE 5 DEZENAS MAIS 3 DEZENAS, QUE É IGUAL A 8 DEZENAS OU 80.

Logo, 50 + 30 = 80 .

Faça como Luciana, efetue mentalmente as adições e registre os resultados.

a) 40 + 20 = _____   c) 60 + 30 = _____   e) 50 + 40 = _____

b) 30 + 10 = _____   d) 20 + 20 = _____   f) 30 + 30 = _____

◆ Depois foi Roberto quem efetuou mentalmente algumas adições.

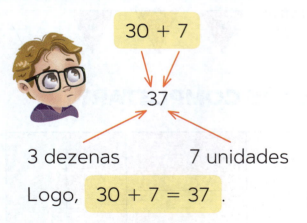

Logo, 30 + 7 = 37 .   Logo, 40 + 23 = 63 .

Faça como Roberto, efetue as adições mentalmente e registre os resultados.

g) 40 + 5 = _____   i) 20 + 44 = _____   k) 48 + 30 = _____

h) 7 + 60 = _____   j) 70 + 11 = _____   l) 50 + 49 = _____

CÁLCULO MENTAL: SUBTRAÇÕES COM NÚMEROS ATÉ 99

◆ Veja como Davi pensou para efetuar mentalmente a subtração das dezenas exatas 80 − 20 .

80 − 20 É O MESMO QUE 8 DEZENAS MENOS 2 DEZENAS, QUE É IGUAL A 6 DEZENAS OU 60.

Logo, 80 − 20 = 60 .

◆ Faça como Davi, efetue mentalmente as subtrações e registre o resultado.

a) 50 − 30 = _____   c) 70 − 40 = _____   e) 60 − 20 = _____

b) 90 − 80 = _____   d) 80 − 10 = _____   f) 30 − 10 = _____

◆ Depois foi a vez de Lenita. Veja como ela pensou para efetuar mentalmente 76 − 30 .

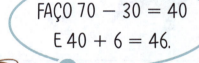

FAÇO 70 − 30 = 40 E 40 + 6 = 46.

Logo, 76 − 30 = 46 .

Complete mais estas subtrações.

g) 38 − 10

30 − 10 = _____

_____ + 8 = _____

Logo, 38 − 10 = _____.

h) 95 − 50

_____ − _____ = _____

_____ + _____ = _____

Logo, 95 − 50 = _____.

CÁLCULO MENTAL: O DINHEIRO DAS CRIANÇAS

Observe as notas que as crianças têm.

◆ Escreva a quantia total de cada criança.

 João: _____ reais.

 Marisa: _____ reais.

 Flávia: _____ reais.

 Pedro: _____ reais.

Agora calcule mentalmente e registre as quantias.

a) Juntos, João e Marisa têm _____ reais.

b) Pedro tem _____ reais a mais do que Marisa.

c) Para João ter 70 reais, faltam _____ reais.

QUATRO CORES, EM TODAS AS LINHAS E EM TODAS AS COLUNAS

Pinte os quadrinhos em branco usando estas cores: , e .

Mas atenção: as 4 cores devem aparecer em todas as linhas e em todas as colunas.

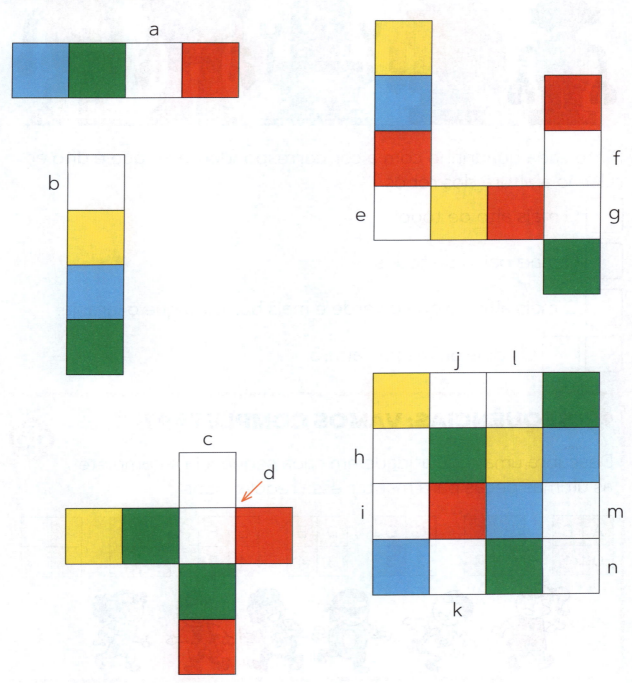

OS ROBÔS, SUAS CORES E SUAS ALTURAS

Na figura abaixo, observe com atenção os cinco robôs.

Pinte cada quadrinho com a cor correspondente ao que é dito em relação à altura dos robôs.

☐ O mais alto de todos.

☐ O mais baixo de todos.

☐ O mais alto do que o verde e mais baixo do que o laranja.

☐ ☐ Os dois de mesma altura.

SEQUÊNCIAS: VAMOS COMPLETAR?

Descubra uma regularidade em cada sequência e complete as últimas peças para manter essa regularidade.

A	B		B	C		C	D		D	E		E	F						
0	1		1	2		2	3		3	4		4	5						

CAÇA AOS NÚMEROS INTRUSOS

Circule o número intruso em cada item de acordo com a dica.

a) ELE NÃO É NÚMERO ÍMPAR.
39   7   25   91   34

b) ELE NÃO FICA ENTRE 50 E 80.
66   71   54   82   59

c) ELE NÃO TEM O 6 COMO ALGARISMO DAS UNIDADES.
65   16   46   96   26

MOSAICO: VAMOS COMPLETAR?

Descubra a regularidade para completar o mosaico.

CÁLCULO MENTAL: VAMOS "ANDAR" NA SEQUÊNCIA NUMÉRICA?

Rute e Aldo pensaram na sequência dos números para efetuar adições e subtrações.
Veja os exemplos:

18 + 4

PENSO NO 18 E "ANDO" 4 PARA A FRENTE.
FALO 19, 20, 21, 22.

31 − 2

PENSO NO 31 E "ANDO" 2 PARA TRÁS.
FALO 30, 29.

Logo, 18 + 4 = 22.

Logo, 31 − 2 = 29.

◆ Faça como Rute e Aldo e complete os itens.

a) 26 + 3 : Penso no _____ e "ando" _____ para a frente.

Falo _____, _____, _____.

Logo, 26 + 3 = _____.

b) 40 − 2 : Penso no _____ e "ando" _____ para trás. Falo

_____, _____.

Logo, 40 − 2 = _____.

◆ Agora faça tudo mentalmente e registre os resultados.

c) 32 − 3 = _____   f) 72 − 4 = _____   i) 70 − 1 = _____

d) 25 + 4 = _____   g) 93 + 3 = _____   j) 29 + 4 = _____

e) 69 + 2 = _____   h) 87 − 2 = _____   k) 53 − 4 = _____

VAMOS PROCURAR REGIÕES PLANAS?

Veja quantas regiões planas desenhadas a seguir! Observe suas formas, cores, tamanhos e letras.

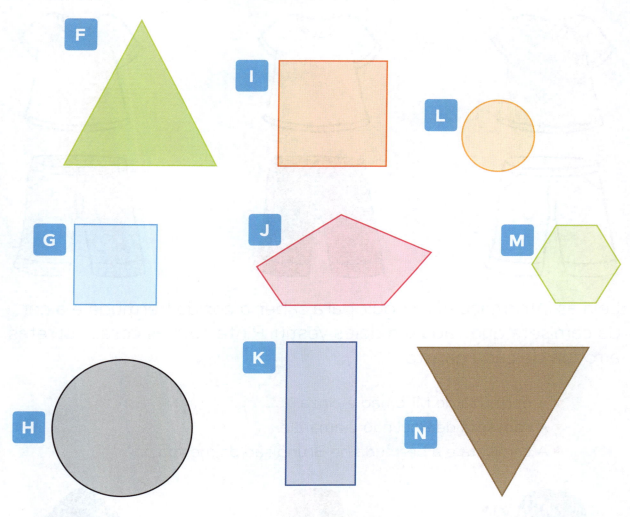

Identifique a região plana e registre a letra dela.

a) Sou azul e tenho a forma quadrada: _____.

b) Sou a maior das que têm a forma circular: _____.

c) Sou a que tem 5 pontas: _____.

d) Sou a que tem a forma triangular e é verde: _____.

e) Sou marrom e não tenho a forma circular: _____.

VEJA AS CAMISETAS E AS BERMUDAS DE MIRO, BRUNO E RAUL. VAMOS PINTAR?

Miro, Bruno e Raul saíram de casa com estas roupas:

Leia as informações a seguir para saber a cor da bermuda e a cor da camiseta que cada um deles vestiu. Pinte com as cores corretas a roupa de cada garoto.

- A bermuda de Miro não é cinza.
- A camiseta de Raul não é amarela.
- A camiseta e a bermuda de Bruno são da mesma cor.

Miro   Bruno   Raul

A TURMA FOI AO DENTISTA

Ontem, Alice, Paulo, Rosana e Lucas foram ao dentista.
As quatro crianças se tratam com o doutor Silas.

◆ Leia com atenção as informações abaixo e registre o horário do atendimento de cada criança.

a) Alice terminou de almoçar às 13 horas e foi atendida pelo doutor Silas 4 horas depois: _____ horas.

b) Paulo foi atendido 2 horas antes de Alice: _____ horas.

c) Rosana foi atendida 1 hora depois de Paulo: _____ horas.

d) Lucas foi atendido 3 horas antes de Alice: _____ horas.

◆ Registre os quatro nomes de acordo com a ordem do atendimento. Indique os respectivos horários marcando os números nos relógios digitais e desenhando os ponteiros nos outros relógios.

1º   2º   3º   4º

É HORA DE PINTAR O PAINEL

Observe abaixo as regiões planas em suas formas, tamanhos e cores.

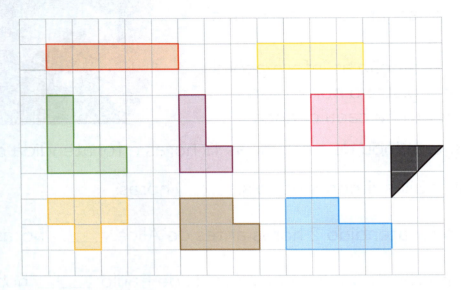

Localize no painel a seguir o lugar de cada peça e pinte-o com a cor a ela correspondente. A peça rosa já está pintada.

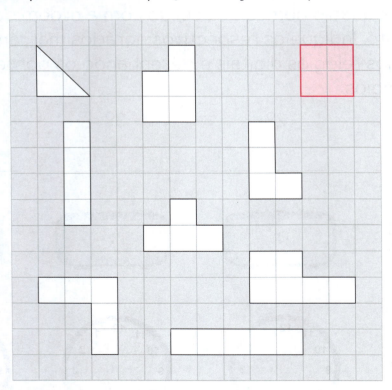

SEQUÊNCIAS: VAMOS COMPLETAR?

Descubra uma regularidade em cada sequência e complete-as com o que falta de acordo com essa regularidade.

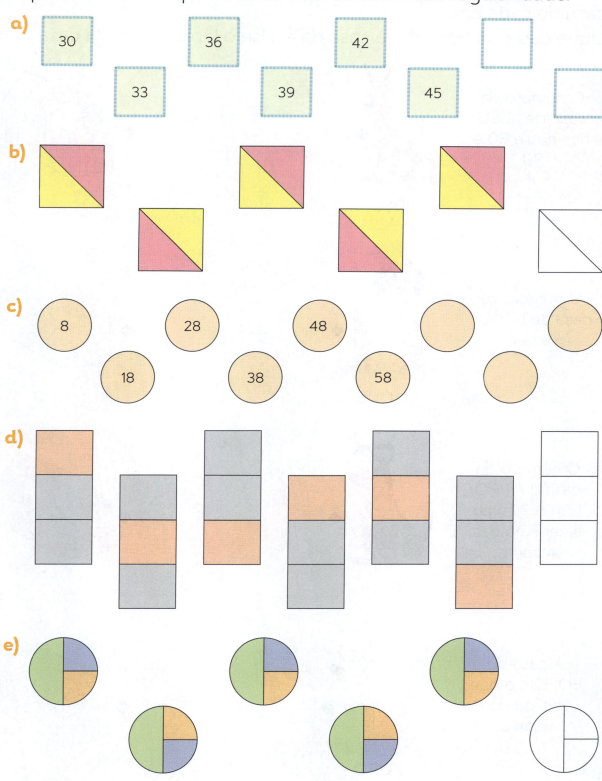

VAMOS LEVAR CADA CACHORRINHO À CASA DELE?

Pelas informações dadas, você pode descobrir qual é a casa de cada um.
Ligue cada cachorrinho à casa dele. Use o lápis da cor da casa.

O número da casa de LULU fica entre 80 e 90.

LULU

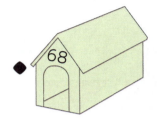

O número da casa de LUQUE é par.

LUQUE

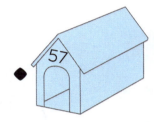

O número da casa de PIPO tem o 7 como algarismo das dezenas.

PIPO

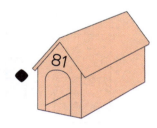

A casa de FOFO é a que sobrou das quatro.

FOFO

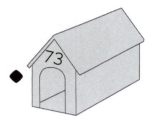

48

O PREÇO DOS BRINQUEDOS: VAMOS DESCOBRIR?

Observe as quantias indicadas nos quadros.

R$ 18,00   R$ 13,00   R$ 9,00

R$ 16,00   R$ 20,00

Quatro delas indicam o preço dos quatro brinquedos indicados abaixo.

Com base nas informações dadas pelas crianças, descubra o preço de cada brinquedo e registre-o em sua etiqueta.

 A BONECA CUSTA R$ 3,00 A MAIS DO QUE A BOLA.

 O JOGO CUSTA O DOBRO DO PREÇO DO CARRINHO.

_____   _____

_____   _____

O MAIS LEVE E O MAIS PESADO: VAMOS DESCOBRIR?

A equipe de Nando fez três pesagens com uma balança de pratos colocando um sólido geométrico em cada prato.
Eles usaram uma ESFERA, um CUBO e um BLOCO RETANGULAR.

  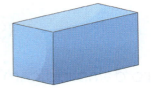

Observe, nas figuras, a posição dos pratos nas duas primeiras pesagens:

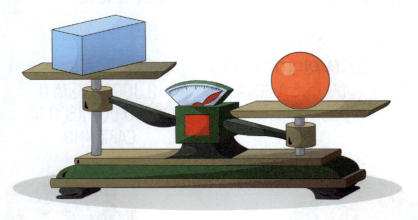

1ª pesagem

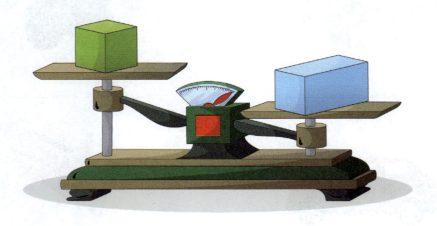

2ª pesagem

a) Assinale com **X** o sólido mais leve e com ✱ o sólido mais pesado entre os três.

b) Agora assinale com **X** a figura correta da 3ª pesagem.

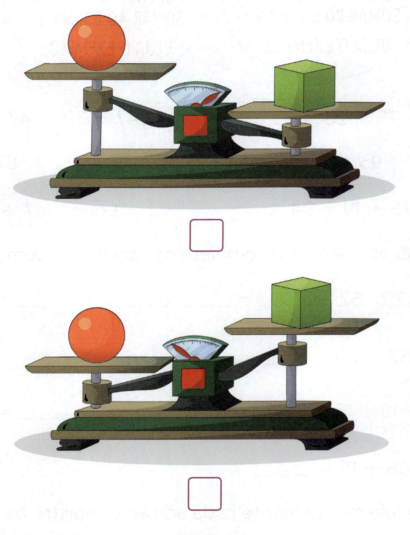

🧩 SEQUÊNCIA: VAMOS COMPLETAR?

Descubra a regularidade para completar a figura.

CÁLCULO MENTAL: SOMAR 19, SOMAR 38, SOMAR 29 E OUTROS

Veja que ideia boa as crianças tiveram para efetuar algumas adições.

PARA SOMAR 19 A UM NÚMERO, POSSO SOMAR 20 E TIRAR 1. VEJA O EXEMPLO.

PARA SOMAR 38 A UM NÚMERO, POSSO SOMAR 40 E TIRAR 2. VEJA O EXEMPLO.

75 + 19   75 + 20 = 95

95 − 1 = 94

Logo, 75 + 19 = 94.

47 + 38   47 + 40 = 87

87 − 2 = 85

Logo, 47 + 38 = 85.

◆ Faça como as crianças e complete os raciocínios com números.

a) 52 + 29   52 + _____ = _____ e _____ − _____ = _____

Logo, 52 + 29 = _____.

b) 68 + 15   15 + _____ = _____ e _____ − _____ = _____

Logo, 68 + 15 = _____.

◆ Agora calcule mentalmente cada adição e registre os resultados.

c) 24 + 69 = _____   f) 33 + 39 = _____   i) 69 + 19 = _____

d) 19 + 43 = _____   g) 55 + 18 = _____   j) 37 + 8 = _____

e) 57 + 28 = _____   h) 64 + 29 = _____   k) 41 + 39 = _____

CÁLCULO MENTAL: TIRAR 19, TIRAR 38, TIRAR 29 E OUTROS

Agora a ideia é tirar. Veja os exemplos.

PARA TIRAR 19 DE UM NÚMERO, POSSO TIRAR 20 E SOMAR 1. VEJA O EXEMPLO.

PARA TIRAR 38 DE UM NÚMERO, POSSO TIRAR 40 E SOMAR 2. VEJA O EXEMPLO.

53 − 19   53 − 20 = 33

33 + 1 = 34

Logo, 53 − 19 = 34.

71 − 38   71 − 40 = 31

31 + 2 = 33

Logo, 71 − 38 = 33.

● Faça como as crianças e complete os raciocínios com números.

a) 75 − 29   75 − ____ = ____ e ____ + ____ = ____

Logo, 75 − 29 = ____.

b) 33 − 18   ____ − ____ = ____ e ____ + ____ = ____

Logo, 33 − 18 = ____.

● Agora calcule mentalmente cada subtração e registre os resultados.

c) 91 − 39 = ____   f) 62 − 48 = ____   i) 42 − 27 = ____

d) 45 − 28 = ____   g) 84 − 59 = ____   j) 70 − 39 = ____

e) 26 − 9 = ____   h) 73 − 68 = ____   k) 55 − 48 = ____

CÁLCULO MENTAL: VAMOS PRATICAR?

Faça os cálculos mentalmente e complete as frases.

a) Mariana tinha estas notas mostradas abaixo.

Comprou um livro por 23 reais.

Ela ainda ficou com _____ reais.

b) Pedro tem 48 figurinhas coladas no álbum.

Agora ele vai colar mais 4 figurinhas.

Ficarão coladas _____ figurinhas.

c) No 2º ano da escola de Beatriz há 35 meninos e 39 meninas.

No total são _____ alunos do 2º ano.

d) Carlos faz aniversário no dia 21/12, e Marcela faz aniversário 3 dias antes de Carlos. O aniversário de Marcela cai no dia _____ / _____.

e) Lúcio tinha 45 reais e ganhou 39 reais.

Ficou com _____ reais.

Em seguida ele gastou 18 reais.

Lúcio ficou com _____ reais.

CADA LETRA EM SEU LUGAR

Observe as quatro letras desenhadas e pintadas a seguir.

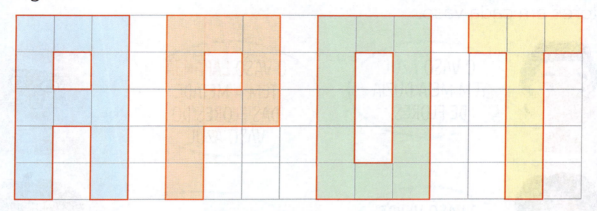

◆ Agora complete e pinte as mesmas letras nos espaços abaixo de modo que elas formem o nome de um animal.

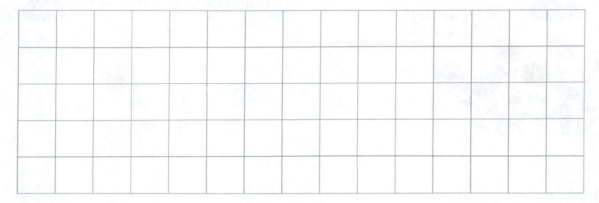

◆ Finalmente, contorne a foto do animal cujo nome foi formado.

VAMOS PINTAR OS VASOS?

Para pintar os vasos, use quatro lápis com estas cores: ●, ●, ● e ●. Depois, escreva a quantidade de flores em cada vaso.

 O VASO AZUL TEM MEIA DÚZIA DE FLORES.

O VASO LARANJA TEM A METADE DAS FLORES DO VASO AZUL.

 O VASO VERDE TEM O TRIPLO DAS FLORES DO VASO LARANJA.

O VASO CINZA TEM 4 FLORES A MENOS DO QUE O VASO VERDE.

_____ flores

_____ flores

_____ flores

_____ flores

MÁXIMO E MÍNIMO NA CASA DO TERROR

No parque de diversões há um brinquedo que está atraindo muito a criançada: é a CASA DO TERROR!
A Casa do Terror recebe grupos de crianças.
Leia a placa que aparece na porta da bilheteria:

Preço por pessoa: R$ 2,00.
Cada grupo deve ter:
- mínimo de 8 crianças;
- máximo de 15 crianças.

Assinale apenas os grupos em que todas as crianças podem entrar juntas na Casa do Terror. Neles, indique a quantia que será gasta com os ingressos do grupo todo.

☐ 12 crianças   ☐ 5 crianças   ☐ 18 crianças
_____ reais   _____ reais   _____ reais

☐ 8 crianças   ☐ 15 crianças   ☐ 9 crianças
_____ reais   _____ reais   _____ reais

FAIXA DECORATIVA: VAMOS COMPLETAR?

Descubra a regularidade para completar a faixa.

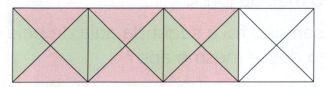

AS AULAS DE BALÉ DE MARINA

Marina tem aulas de balé em todas as terças-feiras e sextas-feiras.
No mês de junho, a primeira aula foi no dia 3, que caiu em uma sexta-feira.

◆ Preencha o calendário com todos os números dos dias de junho.
Depois pinte só os quadrinhos dos dias de balé de Marina.

junho

DOM	SEG	TER	QUA	QUI	SEX	SÁB

◆ Agora responda:

a) Quantas aulas de balé Marina teve em junho? _____

b) O dia 8 de junho caiu em que dia da semana? _____

c) O último sábado de junho caiu em que dia do mês? _____

d) Quantos domingos teve o mês de junho? _____

e) Em que dia do mês e da semana foi a segunda aula de balé de Marina no mês de julho desse mesmo ano?

_____

CÓDIGO E FRUTAS

Observe e decifre o código.

1	2	3	4	5	6	7	8	9	10	11	12	13	14
A	Ã	B	C	Ç	F	G	I	J	M	O	U	V	X

◆ Usando o código, preencha os quadros com as letras e descubra o nome das frutas. Depois ligue cada nome à foto a ele correspondente.

a) | 4 | 1 | 9 | 12 |

b) | 10 | 1 | 5 | 2 |

c) | 6 | 8 | 7 | 11 |

◆ Agora coloque os números e as letras nos quadros.

d)

e)

🚩 JOGO DE DADOS

Nina, Beto, Lara e Tito estão disputando um **jogo de dados**. Em uma rodada ganha quem conseguir mais pontos na face do dado voltada para cima.

a) Descubra, pelo gráfico abaixo, a pontuação de cada um em uma rodada.

Pinte só as imagens dos dados com as pontuações da rodada mostradas no gráfico.
Use a cor correspondente a cada criança e escreva o nome delas nos quadrinhos.

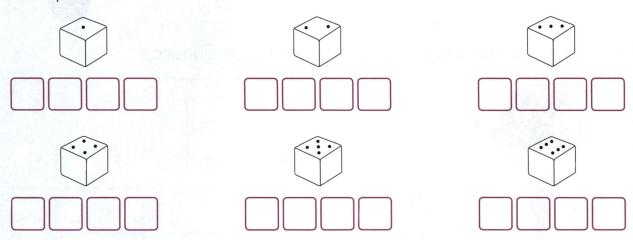

b) Agora marque **X** no nome da criança que fez mais pontos.
Marque ● no nome da criança que fez menos pontos.

MEDIDAS

Em cada item, assinale com **X** o que está citado.

a) Fio mais comprido.

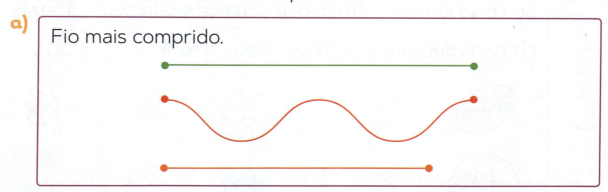

b) Relógio que marca meio-dia.

c) A parte maior na figura ao lado:
- a pintada de verde.
- a pintada de azul.

d) A bola mais pesada:

QUEM SOU EU? QUEM SOMOS NÓS?

a) Sou o sólido geométrico que aparece exatamente 3 vezes entre os desenhados abaixo. Meu nome é _____.

b) Meu valor é 3 a mais do que o menor dos cinco números. Pinte meu quadrinho.

| 39 | 35 | 33 | 36 | 38 |

c) Somos o valor total máximo e o valor total mínimo de pontos que se pode obter no lançamento de dois dados ao mesmo tempo. Assinale quem somos com **X**.

 12 e 2   12 e 1   6 e 2   6 e 1

d) Sou o relógio de ponteiros abaixo quando um relógio digital está marcando assim:

A cor do meu mostrador é _____.

62

🚩 GRÁFICO E HORAS EXATAS

As barras do gráfico abaixo indicam horas exatas. A barra azul, por exemplo, indica 6 horas.

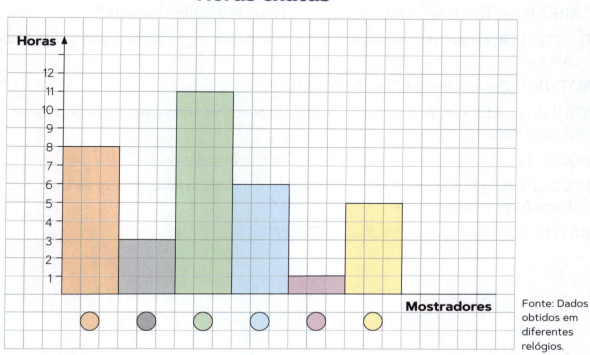

Fonte: Dados obtidos em diferentes relógios.

Os relógios abaixo devem mostrar as horas exatas indicadas nesse gráfico.

Desenhe os ponteiros na posição correta seguindo a correspondência das cores.

O primeiro já está feito.

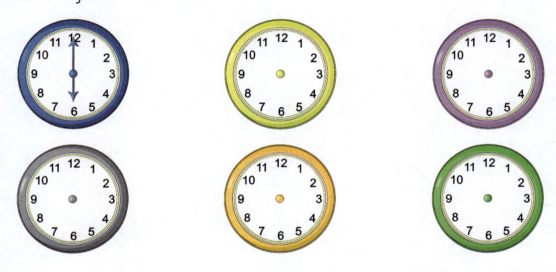

63

REFERÊNCIAS

BRASIL. MEC. SEF. *Base Nacional Comum Curricular* – Matemática. Brasília, 2017.

_____. *Parâmetros Curriculares Nacionais* – Matemática: primeiro e segundo ciclos do Ensino Fundamental. Brasília, 1997.

CARRAHER, T. N. (Org.). *Aprender pensando*. 19. ed. Petrópolis: Vozes, 2008.

DANTE, L. R. *Formulação e resolução de problemas de Matemática* – Teoria e prática. São Paulo: Ática, 2015.

KOTHE, S. *Pensar é divertido*. São Paulo: EPU, 1970.

KRULIK, S.; REYS, R. E. (Org.). *A resolução de problemas na Matemática escolar*. São Paulo: Atual, 1998.

POLYA, G. *A arte de resolver problemas*. Rio de Janeiro: Interciência, 1995.

POZO, J. I. (Org.). *A solução de problemas:* aprender a resolver, resolver para aprender. Porto Alegre: Artmed, 1998.

RATHS, L. *Ensinar a pensar*. São Paulo: EPU, 1977.